童謡詩集

生《い》きている
しるし

あべ こうぞう 詩集

大谷さなえ 絵

もくじ

I

生《い》きている　しるし

Ⅱ　しってる、ぼくのこと

Ⅲ　しずくはにじいろ

I

生《い》きている　しるし

生《い》きている　しるし

こやぎをだいたら
しんぞうのおと
　トクトク　トクトク
ぼくも　トクトク　トクトク
生きている　しるし

こいぬをだいたら
からだがあったか
　ぬくぬく　ぬくぬく
ぼくも　ぬくぬく　ぬくぬく
生きている　しるし

こねこをだいたら
しずかなこきゅう
　スウスウ　スウスウ
ぼくも　スウスウ　スウスウ
生きている　しるし

おひさまひかって
だれでもつつむ
　ぽかぽか　ぽかぽか
ぼくも　ぽかぽか　ぽかぽか
生きている　しるし

みんなのいのちはどれくらい

ゾウさんがアリさんにいった
きみのいのちはどれくらい　ちいさいの

アリさんがゾウさんにいった
きみのいのちはどれくらい　おおきいの

かみさまはおっしゃる
いいえ　おおきいちいさいはないの
みんなおんなじおおきさよ

メダカがクジラにいった
きみのいのちはどれくらい　おもたいの
クジラがメダカにいった
きみのいのちはどれくらい　かるいの

かみさまはおっしゃる
いいえ　おもたいかるいはないの
みんなおんなじおもさなの

あったかはるがきたんだと

おひさま　キラキラかがやくと
たんぼでねていた　カエルがおきた
あったかはるがきたんだと
みずべをさがしてうごきだす
オタマジャクシがうまれるよ

おひさま　ヌクヌクかがやくと
はたけでねていた　さなぎがおきた
あったかはるがきたんだと

さなぎがよろいをぬいだなら
モンシロチョウがうまれたよ

おひさま　ピカピカかがやくと
おやまでねていた　クマさんおきた
あったかはるがきたんだと
あなからぬけだしうごきだす
ふたごのこぐまがうまれてた

いいないいな　はるっていいな

はるののみちを　あるいてゆけば
すみれに　たんぽぽ　れんげそう
きれいにさいて　ゆれている
みてよみてよと　よびかける
おひさま　ポカポカ　あったかい
はるののはらを　スキップすれば
はなあぶ　みつばち　ちょうちょさん

はなみつあまい　はなめぐり
いこういこうと　さそってる
おひさま　ぬくぬく　いいきもち

はるのおがわを　のぞいてみれば
こぶなに　めだかに　あめんぼう
なかよくむれて　おにごっご
あそぼあそぼと　よんでいる
おひさま　キラキラ　まぶしいな

いいな　いいな　はるっていいな

はるまち　みのむし

みのむし　プラリン
かぜに　プラリン
プラプラ　ゆられて
きもちいい
もうすぐはるかな
プラ　プラリン

みのむし　ユラリン
かぜに　ユラリン

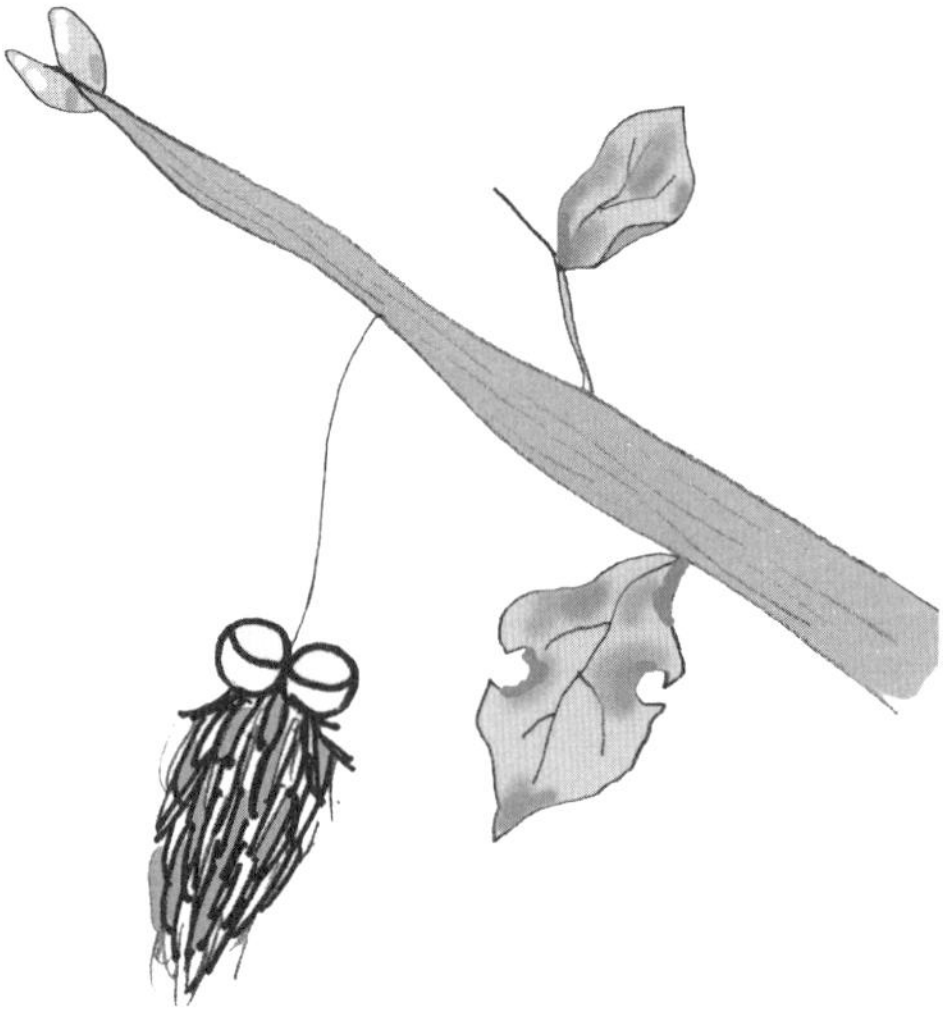

ユラユラ　ゆられて
きもちいい
もうすぐはるだと
ユラ　ユラリン

みのむし　フワリン
かぜに　フワリン
フワフワ　ゆられて
きもちいい
もうすぐはるよね
フワ　フワリン

ハグハグすれば

ハグハグすれば　あったかい
あかちゃんのむね　あったかい
かあさんのむねも　あったかい
しんぞうのおと　トクトクしてる
こんどはだれに　ハグハグしよう

ハグハグすれば　あったかい
いもうとのむね　あったかい

ともだちのむねも　あったかい
しんぞうのおと　トクトクしてる
こんどはだれに　ハグハグしよう

ハグハグすれば　あったかい
こうさぎのむね　あったかい
こひつじのむねも　あったかい
しんぞうのおと　トクトクしてる
こんどはだれに　ハグハグしよう

いっぱいいいっぱい　ハグハグしよう

あかちゃんのえがおで

あかちゃんがねてると　みんな　うんうん
あかちゃんがふきげん　みんな　おやおや
あかちゃんがおこると　みんな　あらあら
あかちゃんがにっこり　みんな　にっこり
あかちゃんのえがおで　　みんな　ニコニコ

あかちゃんがおきると　みんな　これこれ
あかちゃんがグズると　みんな　まあまあ
あかちゃんがなきだす　みんな　ほらほら
あかちゃんがほほえむ　みんな　ほほえむ
あかちゃんのえがおで　みんな　ニコニコ

かきのみうれた

かきのみうれた
きいろくうれた
とるにはすこーしはやすぎる
もすこしまって　みようかな
カラスがちょこっとあじみした

かきのみうれた
まっかにうれた

うまそうみんなとろうかな
いやいやすこーし　のこそうか
ことりのためのふゆのえさ

かきのみうれた
じゅくしになった
おなかをすかせたことりたち
みんなでなかよく　たべとくれ
はるまでげんきにすごしなよ

へんなむし　どうしてなの？

きみはむしなの？
ゲンゴロウ
おじさん　みたいだね
きみはむしなの？
アメンボウ
おかし　みたいだね

きみはむしなの？
トラカミキリ
さんぱつやさん　みたいだね

きみはむしなの？
ウスバカゲロウ
にんじゃ　みたいだね

みんなをビックリさせたいから？

オンブバッタのおんぶとだっこ

みどりいろのかわいいバッタ
いっつもいつも　おんぶにだっこ
おおきなバッタがちいさいバッタをおぶったまま
にひきはいっしょにジャンプする
でも　ちいさいバッタのだっこかな

みどりいろのかわいいバッタ
いっつもいつも　だっこにおんぶ

ちいさいバッタがおおきなバッタをだいたまま
にひきはいっしょにホップする
でも　おおきいバッタの　おんぶかな

おんぶするのはどっちかな
だっこするのはどっちかな
にひきはなかよく　おんぶにだっこ

バッタのウンチはみどりいろ

バッタ　バッタ　ショウリョウバッタ
バッタをむしかごいれたなら
バッタがウンチをしたんだよ
ちいさなころころウンチだよ
バッタのウンチはみどりいろ
みどりのはっぱをたべたから

バッタ　バッタ　トノサマバッタ
バッタをあきびんいれたなら
バッタがウンチをしたんだよ
小さなころころウンチだよ
バッタのウンチはくさのいろ
くさのはっぱをたべたから

ハチのおうさま　スズメバチ

おいらはおうさま　スズメバチ
きいろとこげちゃのしましまもよう
おおきなあごをカチカチならす
ハチのなかまじゃ　いちばんでかい
それでもおいらはスズメバチ
ワシとかタカとかあこがれる
つよいなまえにしておくれ

おいらはおうさま　スズメバチ
きいろとこげちゃのしましまもよう
おおきなはりでズバズバさすよ
ハチのなかまじゃ　いちばんつよい
それでもおいらはスズメバチ
トラとかシシとかよばれたい
つよいなまえにかえとくれ

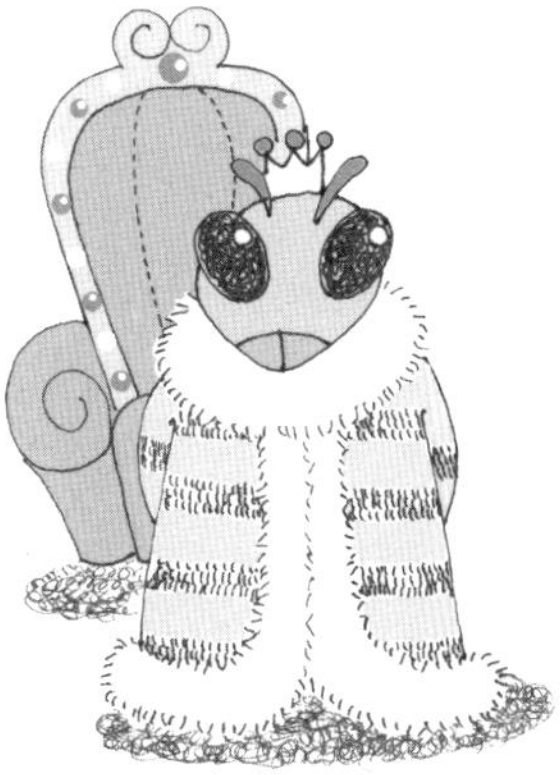

とうみんカエル

ふゆあけまぢかのたんぼには
たおこしトラクター　うなります
おやおやたいへん　こりゃたいへんだ
とうみんカエルが　おこされた
おひさま　ぬるいぞ　まだねむい
ぶるっと　ふるえて　あなのなか

ふゆあけまぢかのたんぼには
たおこしトラクター　またうなる
まあまあたいへん　こりゃたいへんだ
*にどねのカエルが　とびだした
おひさま　まばゆい　けどさむい
ゲロッと　せきして　あなのなか

＊にどね――二《に》度《ど》寝《ね》

こーんこんのこぎつね

こーん　こんこん
こなゆき　こん
おやまものはらも　ゆきげしょう
きたかぜ　ぴーぷー　ゆき　こんこん
こぎつねさむくて　こーんこん
すあなはすっかり　ゆきのなか

こーん　こんこん
こぎつね　こん
かあさんはぐれて　ないている
ふくろう　ほーほー　ゆき　こんこん
こぎつねよんでる　こーんこん
すあなはからっぽ　ゆきのなか

こーん　こんこん
とうさん　こん
こぎつねさがしに　ゆきのはら
あしあと　ぽこぽこ　ゆき　こんこん
あのこがみつかり　こーんこん
すあなはあったか　ゆきのなか

Ⅱ　しってる、ぼくのこと

ぼくはめっちゃ　あまえんぼう

だっこがだいすき　あまえんぼう
ママのおひざはポカポカで
おせなをトントンされながら
おうたを　うたってもらいます
もっと　もっとと　せがむんだ

おんぶがだいすき　あまえんぼう
ママのせなかはホカホカで

ねんねこばんてんくるまれて
おはなし　きかせてもらいます
つづき　つづきと　せがむんだ

いいこねだいすき　あまえんぼう
ママのおててはヌクヌクで
ホッペをりょうてではさまれて
いいこ　いいことゴッツンコ
もっと　もっとと　せがむんだ

さむくたって　へっちゃらさ

さむくたって　へっちゃらさ
けいとのぼうしは　いらないよ
かけっこ　なわとび　おにごっこ
みんなといっしょに　はしったら
ぽかぽか　ほっぺがほてったよ
さむくたって　へっちゃらさ
けいとのてぶくろ　いらないよ

うんてい　てつぼう　すべりだい
みんなといっしょで　たのしいね
ぽかぽか　てあしがぬくもった

さむくたって　へっちゃらさ
けいとのマフラー　いらないよ
シーソー　ブランコ　さんりんしゃ
みんなといっしょに　こいでたら
ぽかぽか　からだがあったかい

おへそかくした　もういいよ

ピカピカ　ゴロゴロ
かみなりさまが　なりだした
ちょっとまってちょっとまって
ぼくはいま　はだかなんだ
シャツをきるから　ちょっとまって
おへそをかくした　もういいよ

ゴロゴロ　ピカピカ
かみなりさまが　おこってる
ちょっとまって　ちょっとまって
ぼくはいま　こわいんだ
おふとんかぶるまで　ちょっとまって
おへそをかくした　もういいよ

おにいちゃんだから

ぼくはおにいちゃん
おとうとがいるんだ
たんこぶできても　なかないよ
おにいちゃんだから
なかないよ

ぼくはおにいちゃん
いもうともいるんだ
もらったケーキ　はんぶんこ
おにいちゃんだから
がまんする

ぼくはおにいちゃん
ほんとうはよわいんだ
なきたいときも　あるんだよ
おにいちゃんなんて
だいきらい

こんなくだもの　たべたいな

ぼくはリンゴが　だいすきさ
まっかなリンゴが　たべたくて
かわをむいたら　しろかった
なかまでまっかなリンゴ
こんなリンゴを　たべたいな

ぼくはバナナも　だいすきさ
きいろいバナナが　たべたくて

かわをむいたら　しろかった
なかまできいろいバナナ
こんなバナナを　たべたいな

ぼくはブドウも　だいすきで
むらさきブドウが　たべたくて
かわをむいたら　うすみどり
なかまでむらさきブドウ
こんなブドウを　たべたいな

ケンケンあそび

ケンケンパ　ケンケンパ
こどものあそびだ　ケンケンパ
かたあしケンケン　りょうあしパ
あしこしきたえろ　ケンケンパ

ケンケンパ　ケンケンパ
おとなもいっしょだ　ケンケンパ

たのしいあそびだ　あつまれみんな
けんこうあそびだ　ケンケンパ

ケンケンパ　ケンケンパ
こいぬもこねこも　ケンケンパ
まえあしケンケン　りょうあしパ
ワンワンニャンニャン　みんなといっしょ
まちじゅうあちこち　ケンケンパ

はんこあそびはたのしいな

ゴムいたほった　パンダをほった
インクをつけて　ペタペタ　ペッタン
ノートにがようし　ペッタン　パンダ
はんこあそびは　たのしいな

きのいたほった　ウサギをほった
おすみをつけて　ピョンピョコ　ペッタン

チラシにカレンダー　ペッタン　ウサギ
はんこあそびは　おもしろい

おいもをほった　カエルをほった
えのぐをつけて　ピョコピョコ　ペッタン
しんぶん・こうこく　ペッタン　カエル
はんこあそびは　ゆかいだな

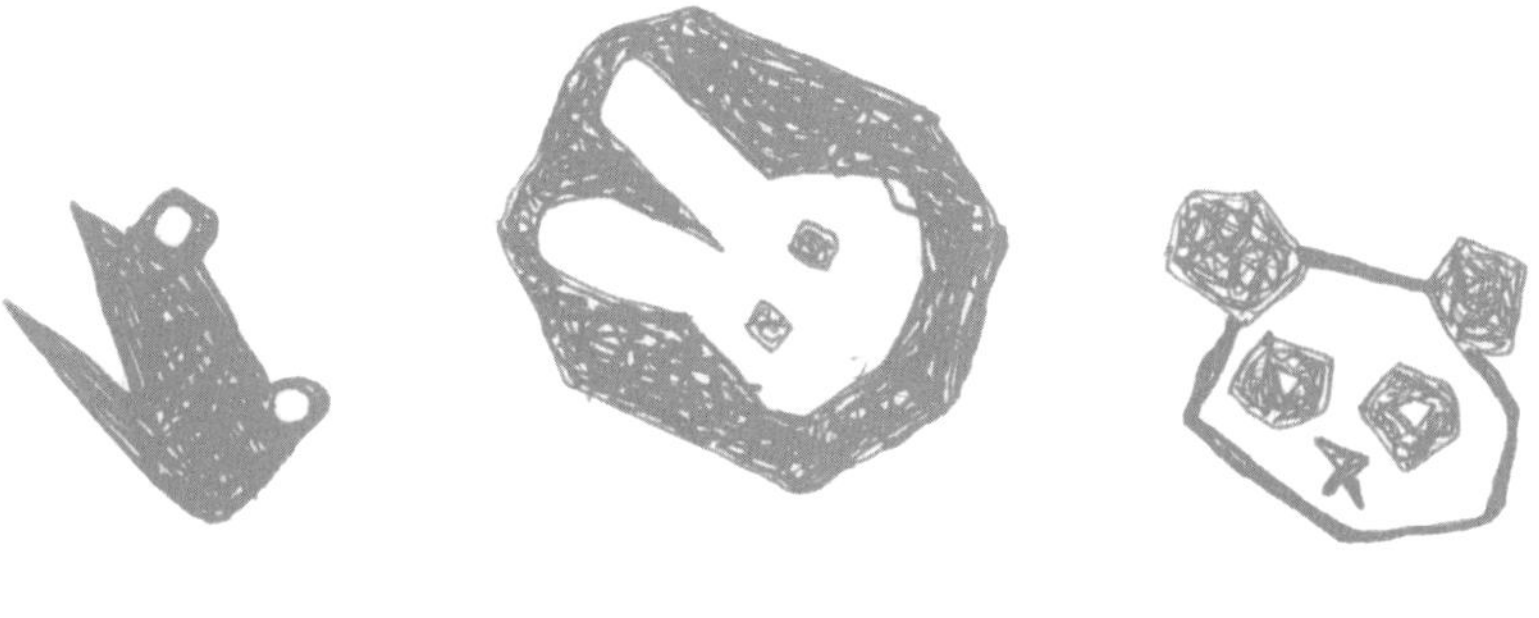

でんぐりがえし

ねんねのじかんに　げんきになるよ
こんやもはじめる　でんぐりかえし
ふとんのうえで　ドッタン　バッタン
でんぐりがえしは　おもしろい
きのうのつづきの　でんぐりがえし
ねんねのじかんが　すぎちゃった

ねんねのじかんに　おめめパッチリ
こんやもはじまる　でんぐりがえし
ふとんのうえで　ゴロリン　クルリン
でんぐりがえしは　たのしいよ
あしたもつづける　でんぐりがえし
そのうちつかれて　ゆめのなか

おふろ　だいすき

おふろ　だいすき
ジャブジャブ　はいろ
こんやはとうさん　いっしょだよ
おおきなせなかが　しずんだら
ザアザア　おゆがあふれでた
ゆっくりはいろ　あったまろ

おふろ　だいすき
チャプチャプ　はいろ
こんやはかあさん　いっしょだよ
まあるいおかたが　しずんだら
ユラユラ　おゆがいっぱいだ
ゆっくりはいろ　あったまろ

おふろ　だいすき
ワイワイ　はいろ
こんやはにいちゃん　いっしょだよ
おもちゃをいっぱい　うかべたら
ドンブラ　おゆがゆれている
ゆっくりはいろ　あったまろ

ぼくはひとりで

ぼく　パジャマを　きれるんだ
でも　ボタンのあなが　たりないよ
はじめにもどって　やりなおし

ぼく　ティーシャツを　きれるんだ
でも　うしろとまえが　はんたいだ
もいちどぬいで　きなおしだ

ぼく　クツシタも　はけるんだ
でも　ひだりとみぎが　はんたいだ
そのままはいて　しらんかお

ぼく　ヒモグツも　はけるんだ
でも　むすんだひもが　ほどけちゃう
ときどきママが　しめなおす

おひるねタイム

うれしいな
おひるねタイムがやってきた
おそとはめちゃめちゃあついから
みんなでならんでおひるねだ
ねんねのおはなしきいてたら
うとうと　ねむたくなってきた

まってたよ
おひるねタイムがやってきた
おそとはめちゃくちゃあついから
みんなでならんでおひるねだ
ねんねのおうたをききながら
すやすや　ねむってゆめのなか

こんやはカレーそれともシチュー

おひさまかえってひがくれて
あかりがまちにともるころ
あそびつかれたいつものなかま
おなかがグウグウなっている
みちくさしないでいそぎます
こんやはカレーにきまってる

ゆうやけおわってひがくれて
いちばんぼしがひかるころ
あそびつかれたいつものなかま
おなかはペコペコめがまわる
よりみちしないでいそぎます
こんやはシチューにきまってる

ぼくはポジティブ・シンキング

しっぱいしても　くよくよしない
あしたがよくなる　まえぶれさ
すんだことは　きにしない
いいことだけをかんがえる
いつでもぼくは
ポジティブ・シンキング

しっぱいしても　うじうじしない
あしたがよくなる　ステップさ
すんだことは　しかたない
いいことだけをおもうのさ
いつでもぼくは
ポジティブ・シンキング

しっぱいしたら　さらりとはんせい
あしたをがんばれ　それでいい
すんだことは　すんだこと
もっとおおきなゆめをみる
いつでもぼくは
ポジティブ・シンキング

Ⅲ　しずくはにじいろ

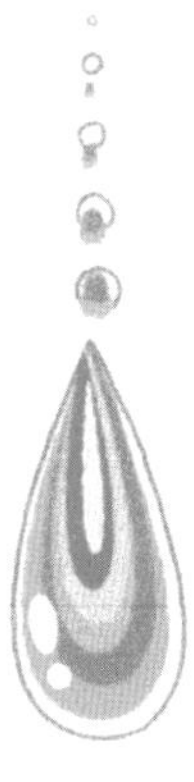

しずくはにじいろ

しずくが　ポトリ
はなびらにおちた
もひとつポタリと
はなびらにおちた
しずくとしずくがくっついて
おおきなみずたま　ブローチだ
おひさまひかって　にじのいろ

しずくが　ポチョリ
くものすについた
いくつもポチョポチョ
くものすについた
しずくとしずくがならんだら
きれいなみずたま　ネックレス
おひさまひかって　にじのいろ

はるのようきにさそわれて

ポカポカようきにさそわれて
おべんとうもってでかけましょ
あのもり　はやしも　はるのいろ
パステルカラーのはるのいろ
ももいろ　きいろ　あかいいろ
みどりにきみどり　もえぎいろ
かすみのかかったいちにちでした

ウキウキようきにさそわれて
じてんしゃのってでかけましょ
このおか　あのやま　はるのいろ
パステルカラーのはるのいろ
みずいろ　むらさき　きだいだい
みどりにきみどり　うすみどり
かげろうもえてるいちにちでした

ゆうひのわすれもの

はるのゆうひは　のんびりしずむ
まっかなくもを　のこしたままで
あのくもどなたが　おそうじするの
まんまるおっつきさん
きになって　のぼる

はるのゆうひは　ゆっくりしずむ
こがねのくもを　わすれたままで
あのくもどなたが　かたづけするの
はんかけおっつきさん
きになって　のぼる

おひさまかえった　そのあとで
かぜさんそっと　おそうじしてた

ぼくらのかげぼうし

ゆうやけおひさま　にしのそら
ぼくらのかげをつくります
スキップ　ジャンプ　うさぎとび
いつもぼくらのまねばかり
かげをふみふみかえりましょう

ゆうやけおひさま　かたむいて
ぼくらのかげが　のびてくる
とんだり　はねたり　はしったり
いつもぼくらのそばにいる
かげとなかよくかえりましょう

ゆうがたかえったかげぼうし

ゆうがたかえったかげぼうし
いまごろどうしているのかな
ひとりでさびしく　ないのかな
ちょっときがかり　そとにでた
やっぱりぼくの　そばにいた
まんまるつきのよるでした

ゆうべかえったかげぼうし
いまごろどうしているのかな
ひとりでなきべそ　かいたかな
ちょっとしんぱい　そとにでた
やっぱりぼくに　ついてきた
あかるいつきのよるでした

つきよのかげぼうし

まんまるおつきさんそらのうえ
あかるいひかりはなってる
よるでもぼくのかげぼうし
ずーっとまねしてついてくる
とんだり　はねたり　はしったり
ひるまとおんなじかげぼうし

まんまるおつきさんそらのうえ
あかるいひかりでてらしてる
よるでもぼくのかげぼうし
いっしょになかよくあそぶんだ
スキップ　ジャンプ　ケンケンも
ひるまとおんなじかげぼうし

はねゆきさんのことづて*

フンワリ　フワフワ
あさやけそらから　あさひをうけて
はねゆきさんがおりてきた
あのこのちっちゃなてのひらに
そのうちそーっときえてった
なにをはなしに　きたのかな
フンワリ　ヒラヒラ
くもまにかおだす　おひさまあびて

はねゆきさんがおりてきた
あのこのながーいまつげにも
そのうちするりとんでった
なにをみてよと　きたのかな

フンワリ　ユラユラ
ゆうやけそらから　あかねにそまり
はねゆきさんがおりてきた
あのこのかわいいみみたぶに
そのうちそーっといっちゃった
なにをきいてと　きたのかな

＊はねゆきさん――羽雪《はねゆき》さん
（かるくフワフワした雪のけっしょうのこと）

どんなかぜがすきですか

かぜはいろいろ　ふくけれど
どんなかぜがすきですか
やさしいねいろをつくるかぜ
どんなねいろが　すきですか
かぜはいろいろ　ふくけれど
どんなかぜがすきですか

たのしくあそんでくれるかぜ
どんなあそびが　すきですか

かぜはいろいろ　ふくけれど
どんなかぜがすきですか
ちいさないたずらすきなかぜ
どんないたずら　すきですか

あのかぜもこのかぜも　どのかぜも
たのしくなるから　みんなすき

かぜさんとみどりのはっぱ

みどりのはっぱが　ささやいた
ふわふわ　ゆられて　ささやいた
そよそよ　かぜさん　ありがとう
あなたのやさしさ　あったから
さやさやさやと　ささやけた

みどりのはっぱが　うたってる
ふわふわ　ゆられて　うたってる

さわやか　かぜさん　ありがとう
あなたのしんせつ　あったから
さわさわさわと　うたえたの

みどりのはっぱが　おどってる
ふわふわ　ゆられて　おどってる
やさしいかぜさん　ありがとう
あなたのてだすけ　あったから
ひらひらひらひらと　おどれたの

かぜのぼうやはえかきさん

かぜのぼうやがえをかいた
そよそよ　おいけにやってきて
おおきくいきをすいこんで
さあっとひとふき　りきさくだ
さざなみこなみのえをかいた

かぜのぼうやがえをかいた
さやさや　たんぼにやってきて

おおきくいきをすいこんで
さあっとひとふき　たいさくだ
みどりのはもんのえをかいた

かぜのぼうやがえをかいた
ひゅーひゅー　すなやまやってきて
おおきくいきをすいこんで
さあっとひとふき　けっさくだ
ながれるすなのえをかいた

ばあちゃんのちゃんちゃんこ

ちゃんちゃんこ　ちゃんちゃんこ
ばあちゃんつくった　ちゃんちゃんこ
どなたにきせましょ　あったかよ
おじぞうさまに　きせましょか
そろそろきたかぜ　ふいてくる

ちゃんちゃんこ　ちゃんちゃんこ
ばあちゃんつくった　ちゃんちゃんこ

どなたがきただろ　ぬくぬくと
おやまのこざる　きてました
そろそろこなゆき　つもるころ

ちゃんちゃんこ　ちゃんちゃんこ
ばあちゃんつくった　ちゃんちゃんこ
どなたがきるやら　ぽかぽかと
やっぱりぼくが　きましょうか
もうすぐたのしい　ふゆやすみ

おばあちゃんのふしぎなじょうろ

おはながだいすき　おばあちゃん
じょうろで　おみずをまきますと
あーら　ふしぎだ　きれいだね
かわいいにじが　かかります
もひとつにじを　つくりましょ

おはながだいすき　おばあちゃん
じょうろで　おみずをもういっぱい

あーら　ふしぎよ　おもしろい
ミツバチさんが　はなめぐり
モンシロチョウも　いっしょだね

おはながだいすき　おばあちゃん
じょうろで　おみずをもうにはい
あーら　ふしぎね　わらっちゃう
アマガエルが　なきだした
おてんきあめと　かんちがい

たのしい　かさ

とうさんのかさ
おおきな　こうもり
ポツリン　ポツ　ポツ
あめのおと
リズムに　あわせて
あそぶみち

かあさんのかさ
きれいな　じゃのめ

パラランパラパラ
あめのおと
くるるんまわして
かえるみち

ねえさんのかさ
すてきなひがさ
サササンサンサン
ひかりあめ
スキップしながら
まわりみち

やさしいかあさん

ヒューヒュー　きたかぜ　うなるひは
おみみがつめたく　ちぎれそう
みみあてだけではたりないよー
おうちについたらかあさんが
りょうてでやさしく　つつんでくれた
ハアハア　はくいき　しろいひは
おかおがつめたく　あかくなる

マフラーだけではたりないよー
おうちについたらかあさんが
りょうてのぬくもり　うつしてくれた

カチカチ　あぜみち　しみるひは
おててがつめたく　しびれてる
てぶくろだけではたりないよー
おうちについたらかあさんが
りょうてにやさしく　いきふきかけた

おさんぽさんぽ　いっぽにほさんぽ

あさのさんぽだ　いっぽにほさんぽ
いつものみちだよ　いっぽにほさんぽ
おまわりさんに　おはようさん
おはながいっぱい　さんぽみち
かあさんいっしょだ　いっぽにほさんぽ

ゆうがたさんぽだ　いっぽにほさんぽ
とうさんおむかえ　いっぽにほさんぽ
えきちょうさんに　こんばんは
おそらはゆうやけ　さんぽみち
おててをつないで　いっぽにほさんぽ

あとがき

童謡を歌ったり、聞いたり、作ったりすることで、人や生き物への優しさ・親しさ・あたたかさ・思いやりを感じてほしくて新しい子どもの歌作りを始めた。その童謡詩は文字だけではものたりなくて童謡絵本にしてみたりしたが、やはり曲がついて歌わなければ童謡詩のよさはない。子ども達に歌って貰わないと童謡にはならないと思っている。

そのためには作曲家の先生のお力添えがなくてはならない。今回も多くの作曲の先生方のお世話になった。そう童謡は詩があり・曲があり・歌う人あってこその三位一体なのである。

さて、このたびは新しい子どもの歌作りが広まればと「童謡詩集」を上梓した。皆さんに興味関心を持って頂ければと思っている。こんな詩であれば「私にも・自分にも出来るー」と童謡詩作りに興味を持って頂ければ嬉しい限りである。

「さあ皆さん童謡作りを始めましょう！」

この詩集発行に関しましては、とっくんこのなんば・みちこ先生や作曲家高月啓充先生のご助言を頂きました。挿絵は大谷さなえさんに依頼しました。彼女は画家さんでないのですが、童謡の作詩者であり童謡絵本に関心のある方なので、度胸試しと引き受けて頂けました。

おしまいになりましたが、出版に際しましては銀の鈴社社長の西野真由美様や編集長の柴崎俊子様、西野大介様始め多くの皆様に多大なお世話をおかけしました。ここに厚く御礼と感謝と労いを申し上げます。

あべ　こうぞう

作曲者名一覧

童謡詩集 「生きている　しるし」

1　生きている　しるし

・生きている　しるし	高橋友夫　高月啓充　やなぎとおる
・みんなのいのちはどれくらい	やなぎとおる
・あったかはるがきたんだと	井出佐久夫　桑折陽一　栗原正義　高月啓充　古橋みちお
・いいないいなはるっていいな	高月啓充　松井みさ やなぎとおる
・はるまち　みのむし	片山和代　高橋友夫　福永東子　前多秀彦　八木英二
・かきのみうれた	清水椒治　高月啓充
・へんなむし　どうしてなの？	片山和代　高月啓充　八木英二
・オンブバッタのおんぶとだっこ	八木英二
・バッタのウンチはみどりいろ	古橋みちお
・ハチのおうさまスズメバチ	高月啓充　やなぎとおる
・とうみんカエル	井出佐久夫　高月啓充　古橋みちお
・こーんこんのこぎつね	清水椒治　八木英二

2　しってる、ぼくのこと

・ぼくはめっちゃ　あまえんぼう	高月啓充　やなぎとおる
・さむくたって　へっちゃらさ	桑折陽一　高月啓充　古橋みちお　前多秀彦
・おへそかくした　もういいよ	清水椒治　高月啓充
・おにいちゃんだから	高月啓充
・こんなくだもの　たべたいな	高月啓充　八木英二　やなぎとおる
・ケンケンあそび	桑折陽一　高月啓充　古橋みちお
・ハンコあそびはたのしいな	高月啓充
・おふろ　だいすき	桑折陽一　高月啓充
・ぼくはひとりで	高月啓充
・おひるねタイム	高月啓充
・こんやはカレーそれともシチュー	高月啓充

3：しずくはにじいろ

・しずくはにじいろ	のざきごろう　高月啓充　福永東子　前多秀彦
・はるのようきにさそわれて	福永東子
・ゆうひのわすれもの	栗原正義　桑折陽一　高月啓充　福永東子
・ぼくらのかげぼうし	井出佐久夫　片山和代　桑折陽一　栗原正義　古橋みちお
・ゆうがたかえったかげぼうし	山本典子
・つきよのかげぼうし	桑折陽一　高月啓充
・はねゆきさんのことづて	山本典子
・どんなかぜがすきですか	井出佐久夫　栗原正義
・かぜのぼう坊やはえかきさん	高月啓充　古橋みちお
・おばあちゃんのちゃんちゃんこ	八木英二
・おばあちゃんのふしぎなじょうろ	福永東子　八木英二
・たのしいかさ	高月啓充　やなぎとおる
・やさしいかあさん	栗原正義　高月啓充　野崎悟良
・おさんぽさんぽ　いっぽにほさんぽ	高月啓充　古橋みちお

（敬称略）

あべ　こうぞう

1941生　広島県福山市神辺町在住。 製薬会社・法人勤務後、帰郷して童謡作詩を始め、新しい子どもの歌「宇宙船」（青戸かいち先生）や童謡集「とっくんこ」（なんば・みちこ先生）の会員となる。その後新しいこどものうた「このゆびとまれ」を立ち上げる。（社）日本童謡協会の会員でもある。童謡活動として、作曲家への付曲依頼と共に「このゆびとまれ」コンサート（不定期）や「童謡を歌おう会」（２回／年）の他、会館ホールやロビーで、また特設会場等で作曲家や演奏家グループのご厚意・ご支援を得て新しい童謡を披露して頂いている。また公民館で童謡作詩教室を行うことも。

大谷　さなえ

岡山県倉敷市在住
アパレルメーカー、帽子メーカーのデザイナーを経て、2015年洋服と帽子の作家に転身。
2005年より　童謡集「とっくんこ」同人に。
その他、童話工房「ぴあの」同人　日本児童文芸家協会研究会員　日本児童文芸家協会岡山サークル「ももっこの会」会員
昼間は布を相手に、夜は文字やペンを相手に、苦悩するも楽しい日々をおくっています。

NDC911
神奈川　銀の鈴社　2018
96頁　21cm（生きている　しるし）

ジュニアポエムシリーズ　275　　2018年2月3日発行
本体1,600円＋税

生きている　しるし

著　　者　あべこうぞう©　絵・大谷さなえ©
発 行 者　柴崎聡・西野真由美
編集発行　㈱銀の鈴社　TEL 0467-61-1930　FAX 0467-61-1931
〒248-0017　神奈川県鎌倉市佐助1-10-22 佐助庵
http://www.ginsuzu.com
E-mail info@ginsuzu.com

ISBN978－4－86618－036－6 C8092　　印刷　電算印刷
落丁・乱丁本はお取り替え致します　　製本　渋谷文泉閣

…ジュニアポエムシリーズ…

1. 鈴木敏史・詩 宮下琢郎・絵集 **星の美しい村** ★☆
2. 小池知子・詩 高志孝子・絵集 **おにわいっぱいぼくのなまえ** ★☆
3. 鶴岡千代子・詩 武田淑子・絵集 **白い虹** 児文芸新人賞
4. 楠木しげお・詩 久保雅勇・絵集 **カワウソの帽子**
5. 津坂治男・詩 垣内美穂・絵集 **大きくなったら** ★◇
6. 後藤れい子・詩 山本まつ子・絵集 **あくたれぼうずのかぞえうた**
7. 北村蔦子・詩 柿本幸造・絵集 **あかちんらくがき**
8. 吉田瑞穂・詩 吉田翠・絵集 **しおまねきと少年** ★◎
9. 新川和江・詩 葉祥明・絵集 **野のまつり** ★☆
10. 阪田寛夫・詩 織茂恭子・絵集 **夕方のにおい** ★○☆
11. 高田敏子・詩 若山憲・絵集 **枯れ葉と星** ★☆
12. 原田直友・詩 吉田翠・絵集 **スイッチョの歌** ★◎
13. 小林純一・詩 久保雅勇・絵集 **茂作じいさん** ★●☆◎
14. 谷川俊太郎・詩 長新太・絵集 **地球へのピクニック** ★◎
15. 与田準一・詩 深沢省三・深沢紅子・絵 集 **ゆめみることば** ★
16. 岸田衿子・詩 中谷千代子・絵集 **だれもいそがない村**
17. 江間章子・詩 榊原直美・絵集 **水と風** ◇◎
18. 原田直友・詩 小野まり・絵集 **虹—村の風景—** ★
19. 福田正夫・詩 福田達夫・絵集 **星の輝く海** ★☆
20. 草野心平・詩 長野ヒデ子・絵集 **げんげと蛙** ★☆○◇
21. 宮田滋子・詩 青木まさる・絵集 **手紙のおうち** ☆○
22. 久保田昭三・詩 斎藤彬子・絵集 **のはらでさきたい**
23. 鶴岡千代子・詩 加倉井和夫・武田淑子・絵 集 **白いクジャク** ★●
24. 尾上尚子・詩 まど・みちお・絵集 **そらいろのビー玉** ★☆ 児文協新人賞
25. 水上紅・詩 深沢紅子・絵集 **私のすばる** ☆
26. 野呂昶・詩 福島一二三・絵集 **おとのかだん** ★
27. こやま峰子・詩 武田淑子・絵集 **さんかくじょうぎ** ☆
28. 青戸かいち・詩 駒宮録郎・絵集 **ぞうの子だって**
29. まきたかし・詩 福田達夫・絵集 **いつか君の花咲くとき** ★☆♡
30. 薩摩忠・詩 駒宮録郎・絵集 **まっかな秋** ★☆♡
31. 新川和江・詩 福島一二三・絵集 **ヤァ!ヤナギの木** ★☆○♡
32. 井上靖・詩 駒宮録郎・絵集 **シリア沙漠の少年** ★☆♡
33. 古村徹三 詩・絵 **笑いの神さま**
34. 江上波夫・詩 青空風太郎・絵集 **ミスター人類** ○☆
35. 秋原秀夫・詩 鈴木義治・絵集 **風の記憶** ★◎
36. 水村三千夫・詩 武田淑子・絵集 **鳩を飛ばす**
37. 久冨純江・詩 渡辺安芸夫・絵集 **風車 クッキングポエム**
38. 日野生三・詩 吉野晃希男・絵集 **雲のスフィンクス** ★
39. 佐藤雅子・詩 佐藤太清・広瀬きよみ・絵 集 **五月の風** ★
40. 小黒恵子・詩 武田淑子・絵集 **モンキーパズル** ★
41. 木村信子・詩 山本典子・絵集 **でていった**
42. 中野栄子・詩 吉田翠・絵集 **風のうた** ☆
43. 宮田滋子・詩 牧村慶子・絵集 **絵をかく夕日** ★
44. 大久保テイ子・詩 渡辺安芸夫・絵集 **はたけの詩** ★☆
45. 秋原秀夫・詩 赤星亮衛・絵集 **ちいさなともだち** ♥

☆日本図書館協会選定（2015年度で終了）　●日本童謡賞　♧岡山県選定図書　◇岩手県選定図書
★全国学校図書館協議会選定（SLA）　♡日本子どもの本研究会選定　◆京都府選定図書
□少年詩賞　■茨城県すいせん図書　♥秋田県選定図書　芸術選奨文部大臣賞
○厚生省中央児童福祉審議会すいせん図書　♣愛媛県教育会すいせん図書　◉赤い鳥文学賞　◆赤い靴賞

…ジュニアポエムシリーズ…

46 日友靖子詩集　藤城清治・安西明美・絵　猫曜日だから　◆☆
47 秋葉てる代詩集　武田淑子・絵　ハープムーンの夜に　♡
48 こやま峰子詩集　山本省三・絵　はじめのいーっぽ　★♡
49 黒柳啓子詩集　金子滋・絵　砂かけ狐　♡
50 三枝ますみ詩集　武田淑子・絵　ピカソの絵　☆♡●
51 夢虹二詩集　武田淑子・絵　とんぼの中にぼくがいる　♡○♥
52 はたちよしこ詩集　まど・みちお・絵　レモンの車輪　□✤
53 大岡信詩集　葉祥明・絵　朝の頌歌　★☆♡♥◎
54 吉田瑞穂詩集　吉田翠・絵　オホーツク海の月　★☆♡
55 さとう恭子詩集　村上保・絵　銀のしぶき　★☆♡
56 星乃ミミナ詩集　葉祥明・絵　星空の旅人　★☆♡
57 葉祥明詩・絵　ありがとう そよ風　★♡▲
58 青戸かいち詩集　初山滋・絵　双葉と風
59 小野ルミ詩集　和田誠・絵　ゆきふるるん　★☆●♡
60 なぐもはるき詩・絵　たったひとりの読者　★♡✤

61 小関秀夫詩集　小倉玲子・絵　風《かざ》栞《しおり》　★♡♥
62 海沼松世詩集　守下さおり・絵　かげろうのなか　☆♡
63 山本龍生詩集　小倉玲子・絵　春行き一番列車　♡
64 小泉周二詩集　深沢省三・絵　こもりうた　★☆♡
65 かわてせいぞう詩集　若山憲・絵　野原のなかで　♡★♥
66 えぐちまき詩集　赤星亮衛・絵　ぞうのかばん　♡◆♥
67 池田あきつ詩集　小倉玲子・絵　天気雨　♡
68 藤井則行詩集　君島美知子・絵　友へ　♡♤
69 藤哲生詩集　武田淑子・絵　秋いっぱい　★♠
70 日友靖子詩集　深沢紅子・絵　花天使を見ましたか　★
71 吉田瑞穂詩集　吉田翠・絵　はるおのかきの木　★
72 小島禄琅詩集　中村陽子・絵　海を越えた蝶　☆★♥♡
73 にしおまさこ詩集　杉田幸子・絵　あひるの子　★
74 山下竹二詩集　徳田徳志芸・絵　レモンの木　★
75 高崎乃理子詩集　奥山英俊・絵　おかあさんの庭　★♡

76 檜きみこ詩集　広瀬弦・絵　しっぽいっぽん　★●□☆♡
77 たかはしけいこ詩集　高田三郎・絵　おかあさんのにおい　♡♣□
78 星乃ミミナ詩集　深澤邦朗・絵　花かんむり　♥☆♡
79 佐藤照雄詩集　津波信久・絵　沖縄 風と少年　☆♡★
80 相馬梅子詩集　やなせたかし・絵　真珠のように　♥★
81 小島禄琅詩集　深沢紅子・絵　地球がすきだ　★
82 鈴木美智子詩集　黒澤梧郎・絵　龍のとぶ村　◇★♥
83 いがらしれいこ詩集　高田三郎・絵　小さなてのひら　☆
84 宮入黎子詩集　小倉玲子・絵　春のトランペット　☆★
85 下田喜久美詩集　方振寧・絵　ルビーの空気をすいました　☆
86 野呂昶詩集　方振寧・絵　銀の矢ふれふれ　★
87 ちよはらまちこ詩集　ちよはらまちこ・絵　パリパリサラダ　★
88 秋原秀夫詩集　徳田徳志芸・絵　地球のうた　☆★
89 中島あやこ詩集　井上緑・絵　もうひとつの部屋　★
90 藤川こうのすけ詩集　葉祥明・絵　こころインデックス　☆

✼サトウハチロー賞　✣毎日童謡賞　♠奈良県教育研究会すいせん図書
☼三木露風賞　❖北海道選定図書　✤三越左千夫少年詩賞
♤福井県すいせん図書　◈静岡県すいせん図書
▲神奈川県児童福祉審議会推薦優良図書　◎学校図書館図書整備協会選定図書(SLBA)

…ジュニアポエムシリーズ…

- 91 新井和・詩集 高田三郎・絵 おばあちゃんの手紙 ☆★
- 92 はなわたえこ・詩集 えばとかつこ・絵 みずたまりのへんじ ★●
- 93 柏木恵美子・詩集 武田淑子・絵 花のなかの先生 ☆
- 94 中原千津子・詩集 寺内直美・絵 鳩への手紙 ★
- 95 高瀬美代子・詩集 小倉玲子・絵 仲なおり ★
- 96 杉本深由起・詩集 若山憲・絵 トマトのきぶん ☆★◎ 児文芸新人賞
- 97 宍倉さとし・詩集 守下さおり・絵 海は青いとはかぎらない ♧
- 98 石井英行・詩集 有賀忍・絵 おじいちゃんの友だち ■
- 99 なかのひろ・詩集 アサト・シェラ・絵 とうさんのラブレター ☆★
- 100 小松静江・詩集 藤川秀之・絵 古自転車のバットマン
- 101 石原一輝・詩集 加藤真夢・絵 空になりたい ☆✤★
- 102 小泉周二・詩集 西真里子・絵 誕生日の朝 ☆■★
- 103 くすのきしげのり童謡 わたなべあきお・絵 いちにのさんかんび ☆★
- 104 成本和子・詩集 小倉玲子・絵 生まれておいで ☆★✤♡♧
- 105 伊藤政弘・詩集 小倉玲子・絵 心のかたちをした化石 ★
- 106 川崎洋子・詩集 井戸妙子・絵 ハンカチの木 □★☆
- 107 柘植愛子・詩集 油野誠一・絵 はずかしがりやのコジュケイ ✤
- 108 新谷智恵子・詩集 葉祥明・絵 風をください ☆◈☼●♡✣
- 109 金親尚子・詩集 牧進・絵 あたたかな大地 ☆
- 110 黒柳啓子・詩集 吉田翠・絵 父ちゃんの足音 ☆★♡□
- 111 富田栄子・詩集 油野誠一・絵 にんじん笛 ♡☆
- 112 原国子・詩集 高畠純・絵 ゆうべのうちに ☆△
- 113 宇部京子・詩集 スズキコージ・絵 よいお天気の日に ○□●☆◇★
- 114 武鹿悦子・詩集 牧野鈴子・絵 お花見 ☆□
- 115 山本なおこ・詩集 梅田俊作・絵 さりさりと雪の降る日 ☆★
- 116 小林比呂古・詩集 おおた慶文・絵 ねこのみち ☆
- 117 後藤れい子・詩集 渡辺あきお・絵 どろんこアイスクリーム ☆
- 118 重清良吉・詩集 高田三郎・絵 草の上 ☆□✿◆★
- 119 宮中雲子・詩集 西真里子・絵 どんな音がするでしょか ✼★
- 120 前山敬子・詩集 若山憲・絵 のんびりくらげ ☆★
- 121 川端律子・詩集 若山憲・絵 地球の星の上で ♡
- 122 たかはしけいこ・詩集 織茂恭子・絵 とうちゃん ♡✿♣★
- 123 宮田滋子・詩集 深澤邦朗・絵 星の家族 ☆●
- 124 国沢たまき・詩集 唐沢静・絵 新しい空がある
- 125 池田あきつ・詩集 小倉玲子・絵 かえるの国 ★
- 126 黒田恵子・詩集 倉島千賀子・絵 ボクのすきなおばあちゃん ☆★♡
- 127 垣内磯子・詩集 宮崎照代・絵 よなかのしまうまバス ☆♡★
- 128 小泉周二・詩集 佐藤平八・絵 太陽へ ✿★●☆♡
- 129 中島和子・詩集 秋里信子・絵 青い地球としゃぼんだま ☆★
- 130 のろさかん・詩集 福島一二三・絵 天のたて琴 ☆
- 131 加藤丈夫・詩集 葉祥明・絵 ただ今 受信中 ☆★
- 132 北原悠子・詩集 深沢紅子・絵 あなたがいるから ♡
- 133 池田もと子・詩集 小倉玲子・絵 おんぷになって ♡
- 134 鈴木初江・詩集 吉田翠・絵 はねだしの百合 ★
- 135 垣内磯子・詩集 今井俊・絵 かなしいときには ★

△長野県教育委員会すいせん図書　✡㈶日本動物愛護協会推薦図書
◈茨城県推奨図書

…ジュニアポエムシリーズ…

…ジュニアポエムシリーズ…

181 新谷智恵子詩集 徳田徳志芸・絵 とびたいペンギン 佐世保文学賞 ♡★◎▲
182 牛尾良子詩集 牛尾征治・写真 庭のおしゃべり ♡★◎
183 三枝ますみ詩集 高見八重子・絵 サバンナの子守歌 ☆★
184 佐藤雅子詩集 佐藤太清・菊池治子・絵 空の牧《まき》場《ば》 ☆★♡■◎◈
185 山内弘子詩集 おぐらひろかず・絵 思い出のポケット ♡★●
186 山内弘子詩集 阿見みどり・絵 花の旅人 ♡★▲
187 原国子詩集 牧野鈴子・絵 小鳥のしらせ ♡★△◎
188 人見敬子詩・絵 方《はこ》舟《ぶね》地球号 —いのちは元気— ♡★◎
189 林佐知子詩集 串田敦子・絵 天にまっすぐ ★☆♡◎
190 小臣富子詩集 渡辺あきお・絵 わんさかわんさかどうぶつさん ✡♡★◎
191 川越文子詩集 かまだちえみ・写真 もうすぐだからね ♡★◎
192 永田喜久男詩集 武田淑子・絵 はんぶんごっこ ☆★◎♡
193 吉田房子詩集 大和田明代・絵 大地はすごい ★◎♡
194 石井春香詩集 高見八重子・絵 人魚の祈り ★♡
195 石原一輝詩集 小倉玲子・絵 雲のひるね ♡
196 たかはしけいこ詩集 高橋敏彦・絵 そのあと ひとは ★
197 宮田滋子詩集 おおた慶文・絵 風がふく日のお星さま ★♡◎
198 渡辺恵美子詩集 つるみゆき・絵 空をひとりじめ ★♡●
199 宮中雲子詩集 西真里子・絵 手と手のうた ★
200 杉本深由起詩集 太田大八・絵 漢字のかんじ ★♡✿
201 井上灯美子詩集 唐沢静・絵 心の窓が目だったら ★♡
202 峰松晶子詩集 おおた慶文・絵 きばなコスモスの道 ★♡
203 高橋文子詩集 山中桃子・絵 八丈太鼓 ★♡
204 長野貴子詩集 武田淑子・絵 星座の散歩 ★♡
205 江口正子詩集 高見八重子・絵 水の勇気 ♡☆★
206 藤本美智子詩・絵 緑のふんすい ☆♡★
207 林佐知子詩集 串田敦子・絵 春はどどど ♡★◎
208 小関秀夫詩集 阿見みどり・絵 風のほとり ☆♡★
209 宗美津子詩集 宗信寛・絵 きたのもりのシマフクロウ ♡★
210 かわてせいぞう詩集 高橋敏彦・絵 流れのある風景 ☆♡★
211 土屋律子詩集 高瀬のぶえ・絵 ただいまぁ ★♡☆◎
212 永田喜久男詩集 武田淑子・絵 かえっておいで ☆♡★
213 みたみちこ詩集 牧進・絵 いのちの色 ♡★
214 糸永えつこ詩集 糸永わかこ・絵 母です 息子です おかまいなく ♡☆★
215 宮田滋子詩集 武田淑子・絵 さくらが走る ♡☆★●
216 柏木恵美子詩集 吉野晃希男・絵 ひとりぼっちの子クジラ ♡★◎
217 江口正子詩集 高見八重子・絵 小さな勇気 ♡☆★
218 井上灯美子詩集 唐沢静・絵 いろのエンゼル ★♡
219 中島あやこ詩集 日向山寿十郎・絵 駅伝競走 ★☆♡
220 高橋孝治詩集 高見八重子・絵 空の道 心の道 ★♡
221 江口正子詩集 日向山寿十郎・絵 勇気の子 ♡☆★
222 宮田滋子詩集 牧野鈴子・絵 白鳥よ ☆★
223 井上良子詩集 銅版画 太陽の指環 ★
224 川越文子詩集 山中桃子・絵 魔法のことば ♡☆★
225 西本みさこ詩集 上司かのん・絵 いつもいっしょ ☆♡

…ジュニアポエムシリーズ…

226 おばらいちこ詩集 高見八重子・絵 ぞうのジャンボ ☆★♡
227 吉田房子詩集 本田あまね・絵 まわしてみたい石臼 ★♡
228 吉田房子詩集 阿見みどり・絵 花 詩 集 ★♡◎
229 田中たみ子詩集 唐沢静・絵 へこたれんよ ★◎
230 林佐知子詩集 串田敦子・絵 この空につながる ★♡
231 藤本美智子 詩・絵 心のふうせん ★♡
232 火星雅範詩集 西川律子・絵 ささぶねうかべたよ ★♡▲
233 吉田房子詩集 岸田歌子・絵 ゆりかごのうた ★♡
234 むらかみみちこ詩集 むらかみみちこ むらかみあくる・絵 風のゆうびんやさん ★♡
235 白谷玲花詩集 阿見みどり・絵 柳川白秋めぐりの詩 ★♡
236 ほさかとしこ詩集 内山つとむ・絵 神さまと小鳥 ★☆♡
237 内田麟太郎詩集 長野ヒデ子・絵 まぜごはん ☆★◎♡▲
238 小林比呂古詩集 出口雄大・絵 きりりと一直線 ♡★
239 牛尾良子詩集 おぐらひろかず・絵 うしの土鈴とうさぎの土鈴 ★◎♡
240 山本純子詩集 ルイコ・絵 ふ ふ ふ ★♡☆◎

241 神田亮 詩・絵 天使の翼 ★☆♡
242 かんざわみえ詩集 阿見みどり・絵 子供の心大人の心さ迷いながら ☆★◎▲
243 永田喜久男詩集 内山つとむ・絵 つながっていく ★☆♡
244 浜野木碧 詩・絵 海原散歩 ☆★◎♡
245 やまうち・しゅうへい詩集 山本省三・絵 風のおくりもの ☆★◎♡
246 すぎもとれいこ 詩・絵 てんきになあれ ★◎
247 冨岡みち詩集 加藤真夢・絵 地球は家族 ひとつだよ ♡☆◎★
248 北野千賀詩集 滝波裕子・絵 花束のように ♡☆★◎
249 石原一輝詩集 加藤真夢・絵 ぼくらのうた ♡★◎
250 土屋律子詩集 高瀬のぶえ・絵 まほうのくつ ♡☆★◎
251 津坂治男詩集 井上良子・絵 白い太陽 ☆♡★◎
252 石井英行詩集 よしだちなつ・表紙絵 野原くん ☆★♡◎▲
253 井上灯美子詩集 唐沢静・絵 たからもの ☆♡★
254 大竹典子詩集 加藤真夢・絵 おたんじょう ☆★
255 たかはしけいこ詩集 織茂恭子・絵 流れ星 ★♡

256 谷川俊太郎詩集 下田昌克・絵 そ し て ♡★◎
257 なんば・みちこ詩集 布下満・絵 トックントックン 大空で大地で ★◎
258 宮本美智子詩集 阿見みどり・絵 夢の中に そっと ★◎♡
259 成本和子詩集 阿見みどり・絵 天使の梯子 ★◎
260 海野文音詩集 牧野鈴子・絵 ナンドデモ ★♡
261 熊谷本郷詩集 永田萠・絵 かあさん かあさん ★♡
262 大楠翠詩集 吉野晃希男・絵 おにいちゃんの紙飛行機 ★♡●
263 久保恵子詩集 たかせちなつ・絵 わたしの心は 風に舞う ★♡
264 みずかみさやか詩集 葉祥明・絵 五月の空のように ★♡
265 尾崎昭代詩集 中辻アヤ子・絵 たんぽぽの日 ★
266 はやしゆみ詩集 渡辺あきお・絵 わたしはきっと小鳥 ★
267 田沢節子詩集 永田萠・絵 わき水ぷっくん △★♡
268 柘植愛子詩集 そねはらまさえ・絵 赤いながぐつ ★♡
269 馬場与志子詩集 日向山寿十郎・絵 ジャンケンポンでかくれんぼ ♡
270 内田麟太郎詩集 高畠純・絵 たぬきのたまご

…ジュニアポエムシリーズ…

271 むらかみみちこ 詩・絵 家族のアルバム

272 井上和子詩集 吉田瑠美・絵 風のあかちゃん

273 佐藤一志詩集 日向山寿十郎・絵 自然の不思議

274 小沢千恵 詩・絵 やわらかな地球

275 あべこうぞう詩集 大谷さなえ・絵 生きているしるし

276 宮田滋子詩集 田中槇子・絵 チューリップのこもりうた

277 林佐知子詩集 葉祥明・絵 空の日

278 石谷陽子詩集 髙見八重子・絵 ゆれる悲しみ

＊刊行の順番はシリーズ番号と異なる場合があります。

ジュニアポエムシリーズは、子どもにもわかる言葉で真実の世界をうたう個人詩集のシリーズです。

本シリーズからは、毎回多くの作品が教科書等の掲載詩に選ばれており、1974年以来、全国の小・中学校の図書館や公共図書館等で、長く、広く、読み継がれています。

心を育むポエムの世界。

一人でも多くの子どもや大人に豊かなポエムの世界が届くよう、ジュニアポエムシリーズはこれからも小さな灯をともし続けて参ります。